Under the Jacaranda Tree And Other Bilingual Spanish-English Stories

Pomme Bilingual

Published by Pomme Bilingual, 2024.

While every precaution has been taken in the preparation of this book, the publisher assumes no responsibility for errors or omissions, or for damages resulting from the use of the information contained herein.

UNDER THE JACARANDA TREE AND OTHER BILINGUAL SPANISH-ENGLISH STORIES

First edition. November 8, 2024.

Copyright © 2024 Pomme Bilingual.

ISBN: 979-8227922298

Written by Pomme Bilingual.

Table of Contents

La Cafetería de Don Álvaro 1

Don Álvaro's Café 5

La Casa de los Recuerdos 9

The House of Memories 13

Sueños de Teatro 15

Theater Dreams 19

La Luna de Carmela 23

Carmela's Moon 27

Las Cartas de Emiliano 31

Emiliano's Letters 37

Bajo el Árbol de Jacaranda 43

Under the Jacaranda Tree 47

La Última Noche en Puerto Vallarta 51

The Last Night in Puerto Vallarta 55

La Fiesta de las Luces 59

The Festival of Lights 63

La Cafetería de Don Álvaro

En el corazón de Guadalajara, justo en una esquina tranquila adornada de bugambilias, se encontraba la cafetería de Don Álvaro. Era un lugar acogedor, con mesas de madera antigua y paredes llenas de fotografías en sepia que capturaban escenas de la ciudad de hace muchos años. Don Álvaro, un hombre de unos setenta años con una calidez en la mirada y una sonrisa bondadosa, atendía el lugar todos los días, sirviendo café con una dedicación que ya no se veía tan a menudo.

Don Álvaro conocía a casi todos sus clientes por nombre, y su pequeña cafetería se había convertido en un refugio para aquellos que buscaban un momento de paz o una conversación sincera. Con su barba canosa y sus manos firmes pero suaves, se movía entre las mesas con la gracia de alguien que conoce cada rincón de su espacio.

Uno de sus clientes más frecuentes era Mariana, una mujer joven, probablemente de unos treinta años, que trabajaba en un despacho de abogados cercano. Cada mañana, antes de enfrentarse a los retos de su día, Mariana entraba a la cafetería, pedía un café con leche y se sentaba cerca de la ventana. Don Álvaro ya sabía cómo le gustaba su café, con un toque de canela, y siempre se lo traía sin que ella tuviera que pedirlo.

Esa mañana, Mariana parecía más pensativa de lo habitual, y Don Álvaro lo notó de inmediato. Con la calma que lo caracterizaba, se acercó a su mesa y le preguntó suavemente:

—¿Todo bien, Mariana?

Ella suspiró y, después de una pausa, respondió:

—No estoy segura, Don Álvaro. Tengo una decisión importante que tomar, y no sé qué hacer.

Don Álvaro asintió, tomando asiento frente a ella sin prisa, como si el tiempo en su cafetería fuera diferente, más lento, diseñado para escuchar y reflexionar.

—¿Quieres contarme de qué se trata? —preguntó, con la empatía de alguien que ha escuchado muchas historias a lo largo de su vida.

Mariana miró por la ventana, observando cómo la gente pasaba por la calle, y comenzó a hablar. Le contó que había recibido una oferta de trabajo en otra ciudad, lejos de Guadalajara, una oportunidad que podría darle el crecimiento profesional que siempre había deseado. Pero también le confesó que temía dejar todo lo que conocía, su familia, sus amigos y, en especial, su lugar en la comunidad que había encontrado en la cafetería de Don Álvaro.

Él la escuchó con atención, asintiendo de vez en cuando, sin interrumpir. Cuando ella terminó, él se quedó pensativo por un momento y luego dijo:

—A veces, Mariana, nos aferramos a lo que conocemos porque nos da seguridad, aunque eso nos impida crecer. Y otras veces, tomamos riesgos y nos damos cuenta de que el mundo es mucho más grande de lo que pensábamos. Pero también sé que, en el fondo, uno siempre lleva consigo las cosas que realmente importan, sin importar dónde esté.

Mariana lo miró, procesando sus palabras. Había algo en la sencillez de sus consejos que le daba una claridad inesperada. Don Álvaro continuó:

—Recuerda que cualquier decisión que tomes debe hacerte sentir en paz contigo misma. No siempre podemos tener la certeza de que algo será perfecto, pero sí podemos saber si algo nos llena o no.

La expresión en el rostro de Mariana cambió, como si una pequeña luz se encendiera en sus ojos. Sonrió, agradecida por las palabras de Don Álvaro, y se despidió de él, prometiéndole volver pronto, sin importar la decisión que tomara.

Días después, cuando Mariana entró de nuevo a la cafetería, Don Álvaro supo al instante que había tomado una decisión. Su rostro reflejaba una mezcla de emoción y nervios, pero sobre todo, una serenidad que antes no tenía. Le contó que había decidido aceptar el nuevo trabajo, pero que se llevaría con ella los recuerdos y la paz que había encontrado en aquella pequeña cafetería de Guadalajara.

Don Álvaro, con una sonrisa tranquila, le sirvió su café con leche y canela. Sabía que la vida de Mariana estaba a punto de cambiar, pero estaba seguro de que ella llevaría consigo la sabiduría que había encontrado en sus charlas.

Y así, día tras día, la cafetería de Don Álvaro continuó siendo un rincón especial en el que la gente no solo venía a tomar café, sino a encontrarse a sí misma, en medio de una comunidad que siempre tenía los brazos abiertos.

Don Álvaro's Café

In the heart of Guadalajara, on a quiet corner adorned with bougainvillea, stood Don Álvaro's café. It was a cozy place, with antique wooden tables and walls filled with sepia-toned photographs capturing scenes of the city from years gone by. Don Álvaro, a man in his seventies with a warm gaze and a kind smile, ran the place every day, serving coffee with a dedication that was becoming rare to see.

Don Álvaro knew nearly all his customers by name, and his little café had become a haven for those seeking a moment of peace or an honest conversation. With his graying beard and hands that were firm yet gentle, he moved between tables with the grace of someone who knew every corner of his space.

One of his most frequent customers was Mariana, a young woman in her thirties who worked at a nearby law firm. Every morning, before facing the day's challenges, Mariana would enter the café, order a latte, and sit by the window. Don Álvaro already knew how she liked her coffee, with a touch of cinnamon, and he would always bring it to her without her having to ask.

That morning, Mariana seemed more pensive than usual, and Don Álvaro noticed right away. With his characteristic calm, he approached her table and gently asked:

"Everything okay, Mariana?"

She sighed and, after a pause, replied:

"I'm not sure, Don Álvaro. I have an important decision to make, and I don't know what to do."

Don Álvaro nodded, taking a seat across from her unhurriedly, as if time flowed differently in his café—slower, designed for listening and reflection.

"Do you want to tell me about it?" he asked, with the empathy of someone who had heard many stories over the years.

Mariana looked out the window, watching people pass by on the street, and began to talk. She told him she had received a job offer in another city, far from Guadalajara—a chance for the career growth she had always wanted. But she also confessed her fear of leaving behind everything she knew, her family, her friends, and especially the sense of belonging she had found in Don Álvaro's café.

He listened intently, nodding now and then, never interrupting. When she finished, he sat thoughtfully for a moment and then said:

"Sometimes, Mariana, we cling to what we know because it gives us security, even if it holds us back from growing. Other times, we take risks and realize the world is much bigger than we thought. But I also know that, deep down, we always carry the things that truly matter with us, no matter where we go."

Mariana looked at him, absorbing his words. There was something in the simplicity of his advice that brought her unexpected clarity. Don Álvaro continued:

"Remember, any decision you make should bring you peace. We can't always be certain something will be perfect, but we can know if it fills us."

The expression on Mariana's face changed, as if a small light had ignited in her eyes. She smiled, grateful for Don Álvaro's words, and bid him farewell, promising to return soon, no matter what decision she made.

Days later, when Mariana entered the café again, Don Álvaro instantly knew she had made her choice. Her face showed a mix of excitement and nerves, but above all, a calm that hadn't been there before. She told him she had decided to accept the new job but would carry with her the memories and the peace she had found in that little café in Guadalajara.

With a gentle smile, Don Álvaro served her latte with cinnamon. He knew Mariana's life was about to change, but he was certain she would carry the wisdom she had gained in their conversations.

And so, day after day, Don Álvaro's café continued to be a special place where people came not only to drink coffee but to find themselves, surrounded by a community that always had open arms.

La Casa de los Recuerdos

En un pequeño pueblo de Oaxaca, entre montañas cubiertas de neblina y campos de maíz, Julia volvió a la casa donde había crecido. Habían pasado muchos años desde la última vez que estuvo allí. Ahora, la casa estaba desierta, abandonada, y sus muros de adobe mostraban el paso del tiempo: grietas finas como hilos de telaraña recorrían las paredes, y el techo de tejas se inclinaba bajo el peso de las estaciones que habían pasado.

Julia cruzó el umbral con una mezcla de temor y nostalgia, sintiendo cómo el eco de sus pasos resonaba en el silencio. La luz del atardecer se colaba por las ventanas polvorientas, proyectando sombras largas y doradas que parecían traer a la vida a los fantasmas del pasado. Al cerrar los ojos, Julia casi podía escuchar las voces de su familia: las risas de sus hermanos cuando jugaban en el patio, la voz suave de su madre llamándolos a cenar, y el tono grave de su padre, hablando de los sueños que tenía para sus hijos.

Caminó despacio, dejando que cada rincón de la casa le contara su propia historia. La cocina, con sus estantes de madera desgastados, aún olía vagamente a los guisos de su madre, a ese mole espeso que preparaba con tanto esmero. Julia se detuvo junto al fogón, recordando las tardes en las que observaba a su madre cocinar, memorizando cada movimiento de sus manos mientras molía chiles y especias en el molcajete. Era un ritual que ahora le parecía tan lejano y, sin embargo, tan familiar, como si una parte de su infancia se hubiese quedado atrapada en ese lugar, esperándola.

Subió las escaleras, cuyos peldaños crujían bajo su peso. Al llegar al cuarto que alguna vez compartió con su hermana menor, Julia se quedó inmóvil. Las paredes, antes pintadas de un amarillo cálido, ahora estaban cubiertas de polvo y manchas de humedad. En un rincón, aún estaba la cama pequeña donde su hermana dormía, y Julia se encontró tocando la madera del cabecero, como si al hacerlo pudiera traer de vuelta esos días en los que ambas se contaban secretos a la luz de una vela.

La tristeza se le fue acumulando en el pecho. Cada rincón, cada mueble y cada olor parecía estar lleno de recuerdos que la inundaban, recordándole una juventud que ya no existía. Pensó en su familia, en cómo todos habían tomado caminos distintos, en cómo la vida los había separado poco a poco, como si el tiempo fuera un río que se los llevó uno a uno.

Finalmente, llegó al patio, donde un viejo árbol de guaje aún se alzaba, sus ramas extendidas hacia el cielo como brazos esperando un abrazo. Ese árbol había sido su refugio cuando era niña; ahí se escondía para leer y soñar con un futuro que, en su inocencia, imaginaba inalcanzable. Pero ahora, parada bajo sus sombras, Julia comprendió que esos sueños eran solo eso, visiones de una vida que nunca sería la misma.

Sin embargo, mientras observaba el árbol, sintió una inesperada sensación de paz. La casa, aunque deteriorada, seguía de pie. Y así como el árbol había soportado años de sol y lluvia, ella también había sobrevivido a las tormentas de su vida. Se dio cuenta de que no necesitaba aferrarse a esos recuerdos con tristeza, sino con gratitud, sabiendo que cada experiencia, cada risa y cada lágrima, habían dado forma a la persona que era ahora.

Julia se despidió de la casa, dejando que los recuerdos se quedaran allí, en sus paredes y en sus rincones oscuros. Al salir y cerrar la puerta detrás de ella, sintió que algo en su interior se liberaba, como si una parte de su pasado hubiera encontrado finalmente el descanso que necesitaba.

Mientras caminaba por las calles del pueblo hacia el atardecer, Julia comprendió que había hecho las paces con el tiempo, aceptando que, aunque nada sería igual, los recuerdos siempre la acompañarían, no como sombras tristes, sino como destellos de una vida que una vez fue suya.

The House of Memories

In a small village in Oaxaca, nestled between mist-covered mountains and cornfields, Julia returned to the house where she had grown up. Many years had passed since she'd last been there. Now, the house was empty, abandoned, its adobe walls bearing the marks of time: fine cracks like spider webs spread across the walls, and the tile roof sagged under the weight of passing seasons.

Julia crossed the threshold with a mix of fear and nostalgia, feeling the echo of her footsteps resonate in the silence. The evening light filtered through dusty windows, casting long, golden shadows that seemed to bring the ghosts of the past to life. With her eyes closed, Julia could almost hear her family's voices: the laughter of her siblings as they played in the yard, her mother's gentle voice calling them to dinner, and her father's deep tone as he spoke of the dreams he had for his children.

She walked slowly, letting each corner of the house tell its own story. The kitchen, with its worn wooden shelves, still faintly smelled of her mother's cooking, of that thick mole sauce she prepared with such care. Julia paused by the old stove, remembering the afternoons she spent watching her mother cook, memorizing every movement of her hands as she ground chilies and spices in the mortar. It was a ritual that now felt so distant, and yet so familiar, as if a part of her childhood had remained trapped in that place, waiting for her.

She climbed the stairs, the steps creaking under her weight. When she reached the room she once shared with her younger sister, Julia stood still. The walls, once painted a warm yellow, were now covered in dust and damp stains. In one corner, the small bed where her sister had slept still stood, and Julia found herself touching the headboard, as if by doing so, she could bring back those days when they shared secrets by candlelight.

A sadness built up in her chest. Every corner, every piece of furniture, and every lingering smell seemed filled with memories that overwhelmed her, reminding her of a youth that no longer existed. She thought of her family, how each one had taken their own path, how life had slowly pulled them apart, like a river that carried them away one by one.

Finally, she reached the yard, where an old guaje tree still stood, its branches stretched toward the sky like arms waiting for an embrace. That tree had been her refuge as a child; there, she would hide to read and dream of a future that, in her innocence, she thought was unreachable. But now, standing under its shade, Julia realized those dreams were just that—visions of a life that would never be the same.

Yet as she gazed at the tree, she felt an unexpected sense of peace. The house, though worn, was still standing. And just as the tree had weathered years of sun and rain, she too had survived the storms of her life. She understood she didn't need to hold onto those memories with sadness, but with gratitude, knowing that every experience, every laugh, and every tear had shaped the person she was now.

Julia said goodbye to the house, leaving the memories within its walls and shadowed corners. As she walked out and closed the door behind her, she felt something inside her let go, as though a part of her past had finally found the rest it needed.

As she walked through the village streets in the fading light, Julia realized she had made peace with time, accepting that while nothing would ever be the same, the memories would always stay with her—not as sad shadows, but as glimmers of a life that had once been hers.

Sueños de Teatro

En el bullicio de la Ciudad de México, entre edificios altos y calles siempre llenas de vida, Héctor caminaba hacia el teatro donde su última obra estaba a punto de cobrar vida. Era un dramaturgo apasionado, aunque para muchos sólo era otro soñador tratando de abrirse paso en un mundo donde el arte muchas veces era relegado a segundo plano. Llevaba meses trabajando en esta obra, escribiendo y reescribiendo cada línea, cada escena, buscando dar forma a algo que resonara con el público y que, al mismo tiempo, reflejara su propia lucha interna.

Al entrar al teatro, el eco de sus pasos se mezcló con las voces de los actores que ya estaban en el escenario, ensayando sus diálogos con intensidad. Héctor los observó en silencio por un momento. Cada uno de ellos le recordaba una parte de sí mismo, una versión de él que, en su juventud, creía que todo era posible y que el teatro podía cambiar el mundo.

—¡Héctor! —lo llamó Lucía, su protagonista, interrumpiendo sus pensamientos.

Lucía era una actriz talentosa, llena de una energía que hacía que cada palabra que pronunciaba cobrara vida. Sin embargo, en sus ojos se percibía una inquietud que Héctor entendía demasiado bien.

—¿Estás seguro de que debemos hacer esta obra así? —preguntó Lucía con una mezcla de duda y preocupación—. Sabes que los productores están incómodos con algunas escenas... dicen que podrían ofender a ciertos patrocinadores.

Héctor suspiró, sintiendo el peso de esas palabras. No era la primera vez que escuchaba algo así. Desde el inicio, los productores habían expresado sus reservas sobre la obra, cuestionando su mensaje y advirtiendo sobre los riesgos financieros de tocar temas delicados. Pero para Héctor, esa obra era más que un simple espectáculo. Era una forma de expresar la realidad, de reflejar las luchas de una sociedad que constantemente exigía más sin ofrecer el apoyo suficiente.

—Lucía, esta obra tiene que ser así —respondió él, con la firmeza de alguien que sabe que ceder sería traicionar sus propios principios—. No puedo cambiarla sólo para complacer a los que no entienden lo que estamos tratando de decir. Esta historia es nuestra, y no voy a permitir que sea moldeada por quienes sólo piensan en números.

Lucía asintió lentamente, comprendiendo la pasión detrás de sus palabras, aunque sabía que enfrentarse a los productores no sería fácil.

La tensión en el teatro comenzó a crecer con cada día que pasaba. Héctor dedicaba horas interminables al montaje, supervisando cada detalle y trabajando con los actores hasta el agotamiento. Pero también era consciente de la mirada severa de los productores, siempre al acecho, evaluando cada decisión, cada gasto, y cuestionando cada escena.

Una tarde, cuando Héctor estaba ajustando una de las luces del escenario, uno de los productores, el señor Vázquez, se acercó a él con expresión grave.

—Héctor, tenemos que hablar —dijo, con un tono que dejaba poco margen para el debate—. Los inversionistas no están contentos. Quieren que suavices el tono de la obra, que elimines ciertas partes que consideran demasiado controversiales. Si no lo haces, no podremos continuar.

El mundo de Héctor se sacudió con esas palabras. Sabía que enfrentarse a los productores era arriesgado, pero no estaba preparado para la amenaza de que la obra, su obra, pudiera ser cancelada. Miró a Vázquez, sintiendo una mezcla de frustración y desesperación, pero también una firmeza que lo sorprendió.

—Señor Vázquez, si eliminamos esas partes, la obra pierde su sentido. No puedo cambiarla sólo para hacerla más cómoda para aquellos que prefieren no ver la verdad.

El productor lo observó por un largo momento, con una expresión que oscilaba entre la comprensión y la desaprobación.

—Héctor, el teatro es un negocio. Necesitamos asegurarnos de que la obra sea rentable. Si no hacemos algunos cambios, podríamos perderlo todo.

Esa noche, después de que todos se hubieron marchado, Héctor se quedó solo en el teatro, sentado en una de las butacas vacías frente al escenario. La oscuridad del lugar lo envolvía, y por primera vez en mucho tiempo, sintió que el peso de sus sueños estaba aplastándolo. ¿Valía la pena seguir luchando contra un sistema que parecía decidido a silenciar cualquier voz disidente?

Mientras se debatía entre la resignación y la determinación, una imagen de su madre vino a su mente. Ella siempre le había dicho que el arte era una forma de resistencia, una manera de hacer que otros escucharan aquello que preferían ignorar. Con ese recuerdo en el corazón, Héctor tomó una decisión.

A la mañana siguiente, se presentó ante el elenco y el equipo de producción con una mirada decidida.

—No vamos a cambiar nada —anunció, con una firmeza que nadie se atrevió a cuestionar—. Esta obra es nuestra verdad, y si tenemos que arriesgar todo para mostrarla, lo haremos.

Los actores lo miraron con una mezcla de admiración y temor, conscientes de que la decisión de Héctor podría significar el final del proyecto. Pero también sabían que, a veces, el arte verdadero requería sacrificio y valentía.

La noche del estreno, el teatro estaba lleno. Héctor observó desde el fondo, sintiendo cómo los nervios se mezclaban con la adrenalina. Sabía que esa obra podía fracasar, que tal vez nunca sería comprendida por aquellos que sólo buscaban entretenimiento ligero. Pero también sabía que, en ese momento, él y su equipo estaban haciendo algo auténtico, algo que no estaba dispuesto a traicionar.

Cuando el telón cayó y el público se levantó en aplausos, Héctor sintió que, al menos por esa noche, había logrado algo mucho más grande que él mismo. Había logrado que su voz, y la de sus actores, resonaran en un mundo que a menudo intentaba silenciar a quienes querían hablar con el corazón.

Y así, entre los aplausos y las luces, Héctor se dio cuenta de que, aunque el camino del arte era incierto y lleno de obstáculos, siempre valía la pena luchar por aquello en lo que creía.

Theater Dreams

In the bustling heart of Mexico City, amid towering buildings and ever-busy streets, Héctor walked toward the theater where his latest play was about to come to life. He was a passionate playwright, though to many, he was just another dreamer trying to make his way in a world where art was often pushed to the sidelines. He had spent months working on this play, writing and rewriting each line, each scene, hoping to create something that would resonate with the audience and reflect his own internal struggles.

As he entered the theater, his footsteps echoed alongside the voices of the actors on stage, rehearsing their lines with intensity. Héctor watched them in silence for a moment. Each one of them reminded him of a part of himself, a younger version of him that believed everything was possible and that theater could change the world.

"Héctor!" called Lucía, the lead actress, snapping him out of his thoughts.

Lucía was a talented actress, filled with an energy that brought every word she spoke to life. Yet, there was a certain restlessness in her eyes that Héctor understood all too well.

"Are you sure we should perform the play like this?" Lucía asked, a mix of doubt and worry in her voice. "You know the producers are uneasy about certain scenes... they say it might offend some sponsors."

Héctor sighed, feeling the weight of her words. It wasn't the first time he'd heard this. From the beginning, the producers had voiced concerns about the play, questioning its message and warning about the financial risks of addressing sensitive topics. But for Héctor, this play was more than just a performance. It was a way to express reality, to reflect the struggles of a society that constantly demanded more while offering little support.

"Lucía, this play has to be like this," he replied, with the resolve of someone who knew that giving in would betray his own principles. "I can't change it just to please people who don't understand what we're trying to say. This story is ours, and I won't let it be molded by those who only care about numbers."

Lucía nodded slowly, understanding the passion behind his words, though she knew that standing up to the producers wouldn't be easy.

The tension in the theater grew with each passing day. Héctor spent countless hours working on the production, overseeing every detail and rehearsing with the actors until they were exhausted. But he was also aware of the watchful eyes of the producers, always lurking, evaluating every decision, every expense, questioning each scene.

One afternoon, as Héctor was adjusting one of the stage lights, Mr. Vázquez, one of the producers, approached him with a stern expression.

"Héctor, we need to talk," he said in a tone that left little room for debate. "The investors are not happy. They want you to tone down the play, to remove certain parts they consider too controversial. If you don't, we can't go on."

Héctor's world shook with those words. He had known the risks of standing up to the producers, but he hadn't expected the threat that his play, his work, might be canceled. He looked at Vázquez, feeling a mix of frustration, despair, and a surprising inner strength.

"Mr. Vázquez, if we cut those parts, the play loses its meaning. I can't change it just to make it more comfortable for those who would rather not face the truth."

The producer stared at him for a long moment, his expression a blend of understanding and disapproval.

"Héctor, theater is a business. We need to make sure the play is profitable. If we don't make some changes, we could lose everything."

That night, after everyone had left, Héctor stayed in the empty theater, sitting in one of the vacant seats facing the stage. The darkness surrounded him, and for the first time in a long while, he felt the weight of his dreams bearing down on him. Was it worth continuing to fight against a system that seemed determined to silence any dissenting voice?

As he wrestled with feelings of resignation and determination, a memory of his mother came to mind. She had always told him that art was a form of resistance, a way to make people listen to what they preferred to ignore. Holding that memory close, Héctor made a decision.

The next morning, he gathered the cast and crew, his gaze resolute.

"We're not changing anything," he announced, with a firmness that no one dared question. "This play is our truth, and if we have to risk everything to show it, then that's what we'll do."

The actors looked at him with a mix of admiration and fear, aware that Héctor's decision could spell the end of the project. But they also knew that true art sometimes required sacrifice and courage.

On opening night, the theater was packed. Héctor watched from the back, his nerves mingling with adrenaline. He knew the play could fail, that perhaps it would never be understood by those who only sought light entertainment. But he also knew that, in that moment, he and his team were creating something genuine, something he wasn't willing to betray.

When the curtain fell and the audience rose in applause, Héctor felt that, at least for that night, he had achieved something far greater than himself. He had succeeded in making his voice, and the voices of his actors, resonate in a world that often tried to silence those who spoke from the heart.

And so, amidst the applause and lights, Héctor realized that though the path of art was uncertain and full of obstacles, it was always worth fighting for what he believed in.

La Luna de Carmela

En un pequeño pueblo escondido entre las montañas de Chiapas, vivía una niña llamada Carmela, con ojos oscuros como la noche y el cabello negro que siempre llevaba suelto, dejándolo volar libre con el viento. Carmela era curiosa y aventurera, y le encantaba explorar los campos y los senderos del pueblo, descubriendo cada rincón, cada planta, y cada animalito que se cruzaba en su camino.

Un día, mientras recogía flores silvestres cerca del río, Carmela vio a una mujer mayor que no había notado antes. Llevaba un rebozo de colores desgastados y una mirada sabia que parecía penetrar hasta el alma. Era Doña Tomasa, una anciana indígena que vivía en una casita a las afueras del pueblo, rodeada de plantas medicinales y altares hechos de piedra.

Intrigada, Carmela se acercó tímidamente, y Doña Tomasa la miró con una sonrisa leve, como si hubiera estado esperándola desde hacía mucho tiempo.

—Ven, niña —dijo la anciana, con una voz suave y profunda—. Las flores que has recogido tienen historias que contarte.

Desde ese día, Carmela comenzó a visitar a Doña Tomasa cada tarde. La anciana le enseñaba sobre las plantas, sus usos y sus secretos. Le contaba que algunas eran para sanar, otras para proteger, y algunas, incluso, para pedir deseos a la luna.

—La luna es sabia, Carmela —decía Doña Tomasa mientras señalaba el cielo estrellado—. Ella ha visto todo lo que ha pasado en esta tierra. Si escuchas con atención, a veces hasta parece que susurra nuestros nombres.

Carmela escuchaba embelesada, maravillada por el mundo mágico que Doña Tomasa le revelaba, un mundo lleno de historias y rituales antiguos que parecían traerle ecos de tiempos pasados.

Una noche, durante una luna llena, Doña Tomasa le pidió a Carmela que la acompañara a un claro en el bosque, donde había un pequeño altar de piedras cubierto de musgo y flores frescas. La anciana comenzó a murmurar oraciones en su lengua natal, palabras que Carmela no entendía del todo, pero que sentía resonar en su corazón. Después, Doña Tomasa la miró y le dijo:

—Pon tus manos en la tierra, niña. Siente cómo respira, cómo late.

Carmela obedeció, y mientras tocaba la tierra fría, sintió una conexión profunda, como si algo antiguo y poderoso despertara en su interior. La anciana le explicó que esa era su herencia, una conexión con la tierra y sus secretos, con sus antepasados y con todo lo que hacía de su pueblo algo especial.

Con el paso del tiempo, Doña Tomasa le enseñó a Carmela a preparar remedios con plantas, a interpretar los sueños y a leer las señales que el cielo y la naturaleza les enviaban. Le habló de los espíritus que cuidaban la montaña, de los ríos sagrados y de las almas de sus antepasados que siempre estaban cerca, protegiendo a su gente. Cada historia era como una ventana a un mundo que, hasta entonces, Carmela apenas había imaginado.

A través de estas lecciones, Carmela comenzó a entender la importancia de sus raíces, de su cultura, y del legado que Doña Tomasa le transmitía con tanto cuidado. Aprendió que su herencia no era sólo una carga de tradiciones antiguas, sino una fuente de fortaleza y sabiduría que podía guiarla en la vida.

Una tarde, Doña Tomasa le dijo:

—Algún día, Carmela, yo ya no estaré aquí. Pero lo que te he enseñado siempre vivirá en ti. Cuida de nuestra historia, de nuestras raíces. Eres como la luna que nos ilumina cada noche; llevas en ti la luz que guiará a los demás.

Carmela la miró con los ojos llenos de lágrimas, comprendiendo el peso y la belleza de aquellas palabras. Sabía que Doña Tomasa había compartido con ella algo sagrado, algo que era más grande que ambas, algo que la unía no sólo a su pueblo, sino también a su pasado y a su futuro.

Así, Carmela siguió visitando a Doña Tomasa, aprendiendo cada día un poco más de las historias y los secretos de su tierra. Y cuando, finalmente, la anciana se fue, Carmela continuó transmitiendo ese conocimiento, recordando siempre las enseñanzas de aquella mujer sabia que le mostró la belleza y el valor de su herencia.

Bajo la luz de la luna, en el mismo claro del bosque, Carmela hacía sus ofrendas y recitaba las palabras de Doña Tomasa, manteniendo viva la memoria de su amiga, la mujer que le enseñó a escuchar los susurros de la luna y el latido de la tierra.

Carmela's Moon

In a small village hidden among the mountains of Chiapas, lived a girl named Carmela. She had dark eyes like the night and black hair that she always wore loose, letting it fly free with the wind. Carmela was curious and adventurous, and she loved exploring the fields and paths of her village, discovering every corner, every plant, and every little animal that crossed her way.

One day, while gathering wildflowers near the river, Carmela saw an older woman she hadn't noticed before. The woman wore a faded, colorful shawl and had a wise gaze that seemed to see right into one's soul. This was Doña Tomasa, an indigenous elder who lived in a small house on the outskirts of the village, surrounded by medicinal plants and stone altars.

Intrigued, Carmela approached timidly, and Doña Tomasa looked at her with a gentle smile, as if she had been waiting for her all along.

"Come, child," said the elder, with a voice that was soft yet deep. "The flowers you've picked have stories to tell you."

From that day on, Carmela began visiting Doña Tomasa every afternoon. The elder taught her about the plants, their uses, and their secrets. She told her that some were for healing, others for protection, and some, even, to make wishes to the moon.

"The moon is wise, Carmela," Doña Tomasa would say, pointing to the starry sky. "She has seen everything that has happened on this earth. If you listen closely, sometimes it almost sounds like she whispers our names."

Carmela listened, enchanted, captivated by the magical world Doña Tomasa was revealing to her—a world filled with stories and ancient rituals that seemed to bring echoes of past times.

One night, during a full moon, Doña Tomasa asked Carmela to join her in a clearing in the forest, where there was a small altar of stones covered in moss and fresh flowers. The elder began murmuring prayers in her native language, words Carmela didn't fully understand but felt resonated in her heart. Then, Doña Tomasa looked at her and said:

"Place your hands on the earth, child. Feel how it breathes, how it pulses."

Carmela obeyed, and as she touched the cool earth, she felt a deep connection, as if something ancient and powerful awoke inside her. The elder explained that this was her heritage, a connection to the land and its secrets, to her ancestors, and to everything that made her village special.

Over time, Doña Tomasa taught Carmela how to make remedies from plants, interpret dreams, and read the signs that the sky and nature sent. She told her about the spirits that guarded the mountain, the sacred rivers, and the souls of their ancestors who were always near, protecting their people. Each story was like a window to a world Carmela had only just begun to imagine.

Through these lessons, Carmela began to understand the importance of her roots, her culture, and the legacy that Doña Tomasa was passing on to her with such care. She learned that her heritage wasn't merely a burden of ancient traditions but a source of strength and wisdom that could guide her in life.

One afternoon, Doña Tomasa said:

"Someday, Carmela, I won't be here anymore. But what I've taught you will always live within you. Take care of our story, of our roots. You are like the moon that lights our night; within you is the light that will guide others."

Carmela looked at her, her eyes filled with tears, understanding the weight and beauty of those words. She knew that Doña Tomasa had shared something sacred with her, something larger than them both, something that bound her not only to her village but also to her past and her future.

And so, Carmela continued to visit Doña Tomasa, learning a bit more each day about the stories and secrets of her land. And when, finally, the elder was gone, Carmela carried on sharing that knowledge, always remembering the teachings of that wise woman who showed her the beauty and value of her heritage.

Under the light of the moon, in that same forest clearing, Carmela would make her offerings and recite Doña Tomasa's words, keeping alive the memory of her friend—the woman who taught her to listen to the whispers of the moon and the heartbeat of the earth.

Las Cartas de Emiliano

20 de marzo de 1913

Querida mamá,

No sé si esta carta llegará a ti, pero necesito escribirte. Aquí en el campamento, el polvo y el ruido no nos dejan tranquilos ni un momento, y hay días en que siento que el tiempo se detiene. Extraño nuestra casa en Veracruz, el olor del mar, y tu voz diciéndome que todo estará bien.

Cada mañana, me levanto antes de que el sol se asome y pienso en ustedes. No sé cuánto tiempo más estaré lejos, pero lo que más anhelo es verte de nuevo, abrazarte, y sentir que todo esto fue sólo un mal sueño.

Con cariño,

Emiliano

2 de abril de 1913

Madrecita,

Hoy enfrentamos una emboscada. Al principio, mis manos temblaban tanto que apenas podía sostener el rifle, pero luego fue como si algo dentro de mí se endureciera. Vi a mis compañeros caer, y aunque el miedo me llenaba, no podía detenerme.

Es extraño, mamá, porque siento que cada día me vuelvo alguien diferente. Me asusta pensar que este Emiliano no es el mismo que salió de casa. Dime, ¿me reconocerás cuando regrese?

Con todo mi amor,

Emiliano

---

15 de mayo de 1913

Mamá,

Hoy tuve un rato libre, y me senté bajo un árbol a escribirte. Pensé en las tardes cuando nos sentábamos a mirar el mar, en tu risa mientras me contabas historias de cuando eras niña. Aquí, en el frente, esas memorias me dan fuerzas.

Algunas noches sueño con papá. En mis sueños, él me dice que debo ser fuerte, que esta lucha tiene un propósito. Pero a veces me pregunto si vale la pena. He visto tanta muerte, tanta destrucción, que me duele pensar en lo que estamos perdiendo.

Espero que estén bien. Cuida de todos en casa, y no te preocupes demasiado por mí.

Con cariño,

Emiliano

---

30 de julio de 1913

Querida mamá,

Cada vez es más difícil escribirte. Me pregunto si mis palabras pueden transmitir lo que realmente vivimos aquí. Hoy, durante una pausa en la batalla, vi a un niño que no tendría más de diez años. Su ropa estaba hecha jirones y su rostro reflejaba un dolor que ningún niño debería conocer. Me acerqué y le di un trozo de pan. Sonrió, y esa sonrisa me rompió el corazón. Me hizo pensar en mis hermanitos, en cómo quiero protegerlos de todo esto.

Mamá, prométeme que harás todo lo posible para que ellos no vean lo que yo he visto.

Con amor,

Emiliano

---

20 de septiembre de 1913

Madrecita,

Hoy he entendido algo que hasta ahora no comprendía. La guerra no sólo destruye los cuerpos, sino también los espíritus. He visto a hombres fuertes quebrarse, he visto a amigos volverse desconocidos. Y en medio de todo esto, me pregunto si alguna vez volveré a ser el mismo.

Pienso en la paz, en un futuro donde podamos volver a ser familia, donde podamos vivir sin miedo. Aquí, cada día lucho no sólo por nuestra libertad, sino por la esperanza de un mundo mejor. Quizá eso es lo que me mantiene en pie.

No puedo prometerte que regresaré, pero sí puedo prometer que haré todo lo posible para mantener mi corazón intacto.

Te quiero,

Emiliano

---

5 de noviembre de 1913

Mamá,

Hoy tuvimos una breve tregua, y aproveché para leer las pocas cartas que he recibido. Una de ellas era tuya. Sentí como si tu voz atravesara la distancia, como si estuvieras aquí, acariciándome el cabello como cuando era niño.

Leí tus palabras una y otra vez, aferrándome a ellas como si fueran un salvavidas en medio de esta tormenta. Me dices que confías en mí, que eres fuerte y que rezas por mí cada noche. Eso me da fuerzas, mamá. Siento que, de alguna forma, tu amor me protege.

Gracias por no perder la esperanza, aunque yo a veces lo haga.

Con todo mi amor,

Emiliano

---

10 de diciembre de 1913

Querida mamá,

La guerra está acabando, o al menos eso dicen. Hay rumores de que pronto podríamos volver a casa. ¿Te imaginas? He soñado tantas veces con el momento de volver a verte que apenas puedo creer que sea real.

Pero debo confesarte algo. No sé si el Emiliano que regrese será el mismo hijo que recuerdas. La guerra me ha cambiado, y temo que algunos de esos cambios son permanentes. Pero lo que no ha cambiado es el amor que siento por ustedes, por ti, por nuestro hogar.

Pronto nos veremos, mamá. Pronto podré abrazarte y decirte cuánto te he extrañado.

Con esperanza,

Emiliano

---

30 de diciembre de 1913

Querida mamá,

Este será mi último día aquí. Nos dijeron que mañana regresaremos a Veracruz. No puedo esperar para pisar nuevamente nuestra tierra, para ver tu rostro y sentir que finalmente estamos en paz.

He sobrevivido, mamá. Y aunque he perdido a muchos amigos, he encontrado la fuerza en los recuerdos, en las historias que tú y papá me contaban, en la promesa de volver a casa. Mañana regresaré, y con suerte, podré construir una vida mejor.

Gracias por ser mi luz en la oscuridad, por ser la razón por la que he luchado.

Con amor eterno,

Emiliano

Emiliano's Letters

March 20, 1913

Dear Mama,

I don't know if this letter will reach you, but I need to write it. Here in the camp, the dust and noise don't leave us alone for even a moment, and there are days when it feels like time stands still. I miss our home in Veracruz, the smell of the sea, and your voice telling me that everything will be all right.

Every morning, I wake up before the sun rises and think of you all. I don't know how much longer I'll be here, but what I long for most is to see you again, to hug you, and to feel like this was all just a bad dream.

With love,

Emiliano

April 2, 1913

Dear Mother,

Today we faced an ambush. At first, my hands shook so much I could barely hold the rifle, but then it was as if something inside me hardened. I saw my comrades fall, and though fear filled me, I couldn't stop.

It's strange, Mama, because I feel like each day I'm becoming someone different. I'm scared to think that this Emiliano isn't the same one who left home. Tell me, will you still recognize me when I return?

With all my love,

Emiliano

May 15, 1913

Mama,

Today I had a bit of free time, and I sat under a tree to write to you. I thought about the evenings when we would sit and watch the sea, your laughter as you told me stories from when you were young. Here at the front, those memories give me strength.

Some nights I dream of Papa. In my dreams, he tells me to be strong, that this fight has a purpose. But sometimes, I wonder if it's worth it. I've seen so much death, so much destruction, it pains me to think of what we're losing.

I hope you're all well. Take care of everyone at home, and try not to worry too much about me.

With love,

Emiliano

July 30, 1913

Dear Mama,

It's becoming harder to write to you. I wonder if my words can really convey what we're living through here. Today, during a break in the battle, I saw a boy who couldn't have been more than ten years old. His clothes were in tatters, and his face showed a pain no child should know.

I went up to him and gave him a piece of bread. He smiled, and that smile broke my heart. It made me think of my little brothers and sisters, how much I want to protect them from all this.

Mama, promise me you'll do everything you can to keep them from seeing what I've seen.

With love,

Emiliano

September 20, 1913

Dear Mother,

Today I understood something I hadn't grasped before. War doesn't just destroy bodies; it destroys spirits. I've seen strong men break, I've seen friends become strangers. And in the midst of it all, I wonder if I'll ever be the same.

I think about peace, about a future where we can be a family again, where we can live without fear. Here, each day, I fight not only for our freedom but for the hope of a better world. Maybe that's what keeps me going.

I can't promise you I'll return, but I can promise that I'll do everything I can to keep my heart whole.

I love you,

Emiliano

November 5, 1913

Mama,

Today we had a brief truce, and I took the chance to read the few letters I've received. One of them was yours. It felt as if your voice had traveled across the distance, as if you were here, stroking my hair like when I was a child.

I read your words over and over, holding on to them like a lifeline in the middle of this storm. You say you trust in me, that you're strong and pray for me every night. That gives me strength, Mama. Somehow, I feel like your love protects me.

Thank you for not losing hope, even when I sometimes do.

With all my love,

Emiliano

December 10, 1913

Dear Mama,

The war is ending, or at least that's what they say. There are rumors that we might return home soon. Can you imagine? I've dreamed so many times of the moment I'll see you again that I can hardly believe it's real.

But I have to confess something. I'm not sure if the Emiliano who comes back will be the same son you remember. The war has changed me, and I fear that some of those changes are permanent. But what hasn't changed is the love I feel for you, for our home.

Soon we'll see each other, Mama. Soon I'll be able to hug you and tell you how much I've missed you.

With hope,

Emiliano

December 30, 1913

Dear Mama,

This will be my last day here. They told us that tomorrow we'll return to Veracruz. I can't wait to set foot on our land again, to see your face, and to feel that finally, we are at peace.

I've survived, Mama. And though I've lost many friends, I've found strength in memories, in the stories you and Papa used to tell me, in the promise of returning home. Tomorrow, I'll come back, and with luck, I'll be able to build a better life.

Thank you for being my light in the darkness, for being the reason I fought.

With eternal love,

Emiliano

Bajo el Árbol de Jacaranda

En el corazón de la Ciudad de México, en el parque Chapultepec, un gran árbol de jacaranda extendía sus ramas florecidas, cubriendo el suelo de pétalos morados. Era primavera, y el parque estaba lleno de vida. Fue allí, bajo la sombra de ese árbol, que Marta y Felipe se encontraron por primera vez.

Marta, una mujer de unos cuarenta y tantos años, se sentó en una banca al pie del jacaranda, mirando sin realmente ver el libro en sus manos. Había llegado allí con la esperanza de encontrar paz, de distraerse de los pensamientos que la atormentaban. Había vivido suficientes momentos de amor y pérdida como para saber que la vida siempre tenía maneras inesperadas de hacerla regresar a sus recuerdos.

Felipe, en cambio, pasaba por el parque casi diariamente. Era un hombre cercano a los cincuenta, de rostro amable y ojos que reflejaban un pasado igualmente complejo. Llevaba en la mano un cuaderno, donde anotaba pensamientos que se le ocurrían durante sus paseos. Era su manera de ordenar el caos de su mente y sus recuerdos.

La primera vez que se vieron, Felipe notó a Marta con su libro, absorta en sus pensamientos, y se sentó en la banca cercana. La miró de reojo y, después de un silencio cómodo, dijo con una sonrisa tranquila:

—Nada como el perfume de las jacarandas en primavera, ¿verdad?

Marta levantó la vista, sorprendida de que alguien la hubiera sacado de su ensimismamiento. Le devolvió la sonrisa, y asintió.

—Es cierto. Es como si el parque estuviera vivo, ¿no?

Aquella conversación casual se fue convirtiendo, poco a poco, en un ritual. Cada vez que Marta visitaba el parque, encontraba a Felipe en algún rincón, y, sin necesidad de acordarlo, ambos terminaban bajo el mismo árbol de jacaranda. Hablaban de temas cotidianos al principio, pero a medida que se sentían más cómodos el uno con el otro, empezaron a compartir más sobre sus vidas.

Marta le contó a Felipe sobre su matrimonio fallido, sobre los sueños que alguna vez tuvo de viajar y cómo, en algún punto, se fueron perdiendo en la rutina. Le confesó que a veces se preguntaba cómo habría sido su vida si hubiera tomado otras decisiones, si hubiera tenido el valor de perseguir esos sueños cuando aún estaban al alcance.

Felipe, por su parte, le habló de su amor por la literatura y el teatro, de su intento fallido de ser escritor, y de cómo había terminado trabajando en un trabajo de oficina que nunca había planeado. Le habló de la mujer que una vez amó profundamente, pero que se había ido de su vida, dejando un vacío que aún dolía.

—A veces pienso —dijo Felipe, en una de esas tardes bajo el árbol de jacaranda— que nuestra vida es como un libro lleno de páginas que no podemos borrar. Podemos seguir escribiendo, sí, pero nunca podemos cambiar lo que ya está escrito.

Marta lo miró en silencio, dejando que esas palabras calaran en su corazón.

—Quizás —respondió después de un momento—, pero también creo que, aunque no podamos cambiar el pasado, sí podemos decidir qué hacemos con él. Podemos aprender, podemos hacer las paces, y... tal vez, solo tal vez, podemos encontrar algo nuevo.

Esa tarde, mientras el sol se escondía detrás de los edificios de la ciudad, Marta y Felipe permanecieron bajo el jacaranda, envueltos en el aroma de las flores. Ambos sintieron que algo había cambiado, que en esos encuentros simples y llenos de significado, había nacido una conexión genuina.

Con el tiempo, comenzaron a verse también fuera del parque. Visitaban pequeños cafés, asistían a exposiciones de arte, y paseaban por la ciudad, como si fueran turistas redescubriendo su propio hogar. Las conversaciones seguían fluyendo, llenas de confidencias y de confesiones que, a veces, ni siquiera se habían atrevido a decir en voz alta.

Un día, mientras caminaban de regreso al parque, Marta le confesó a Felipe su miedo de abrir su corazón de nuevo. Había aprendido a protegerse, a ser cautelosa, pero ahora, con él, se sentía vulnerable de una manera que la asustaba y al mismo tiempo la llenaba de una esperanza renovada.

—Yo también tengo miedo, Marta —le respondió Felipe, tomándole la mano con suavidad—. Pero creo que, a veces, el mayor acto de valentía es permitirnos sentir de nuevo, a pesar de todo.

Marta sonrió, apretando su mano con una fuerza leve pero sincera. Sentía que, de alguna forma, habían compartido el peso de sus miedos, y eso los hacía más ligeros, más llevaderos.

Bajo el jacaranda, en aquel lugar que había sido testigo de sus encuentros y de sus confidencias, Felipe se inclinó hacia Marta y, en un susurro, le dijo:

—La vida nos da pocas oportunidades de empezar de nuevo. Tal vez esta sea una de ellas.

Ella asintió, mirándolo a los ojos con una mezcla de vulnerabilidad y esperanza.

—Tal vez, Felipe. Tal vez tengamos una nueva historia por escribir, esta vez sin arrepentimientos.

Y así, en medio de la Ciudad de México, bajo el árbol de jacaranda, Marta y Felipe decidieron darse una oportunidad, abrazando el presente y dejando atrás el pasado que los había traído hasta ese momento. Ambos sabían que el futuro era incierto, pero también sabían que, a veces, los encuentros más inesperados pueden cambiar la vida para siempre.

Los pétalos caían a su alrededor, cubriendo el suelo como un manto morado, mientras caminaban juntos hacia un nuevo capítulo, conscientes de que, aunque no podían borrar sus historias pasadas, tenían todo el poder para escribir un nuevo comienzo.

Under the Jacaranda Tree

In the heart of Mexico City, in Chapultepec Park, a large jacaranda tree spread its blooming branches, covering the ground with purple petals. It was spring, and the park was alive with the season's energy. It was there, under the shade of that tree, that Marta and Felipe met for the first time.

Marta, a woman in her early forties, sat on a bench at the base of the jacaranda, absentmindedly holding a book. She had come here hoping to find some peace, a way to distract herself from the thoughts that weighed on her. She had experienced enough love and loss to know that life always had unexpected ways of bringing her back to her memories.

Felipe, on the other hand, walked through the park almost daily. A man in his late forties, he had a kind face and eyes that reflected a similarly complex past. He carried a notebook, where he jotted down thoughts that came to him during his walks. It was his way of sorting through the chaos of his mind and memories.

The first time they saw each other, Felipe noticed Marta with her book, lost in thought, and sat on the nearby bench. He glanced at her and, after a comfortable silence, said with a gentle smile:

"Nothing like the scent of jacarandas in spring, is there?"

Marta looked up, surprised to be pulled out of her reverie. She returned his smile and nodded.

"It's true. It feels like the park is alive, doesn't it?"

That casual conversation gradually turned into a ritual. Every time Marta visited the park, she would find Felipe nearby, and without needing to arrange it, they would end up under the same jacaranda tree. At first, they talked about everyday things, but as they grew more comfortable with each other, they started to share more about their lives.

Marta told Felipe about her failed marriage, about the dreams she once had of traveling, and how, at some point, those dreams had faded into the routine of daily life. She confessed that sometimes she wondered how her life might have been if she had made different choices, if she had been brave enough to pursue those dreams when they were still within reach.

Felipe, in turn, spoke of his love for literature and theater, of his attempt to become a writer, and of how he had ended up in an office job he had never planned on. He told her about the woman he once loved deeply, but who had left his life, leaving a void that still ached.

"Sometimes I think," Felipe said one afternoon under the jacaranda tree, "that our life is like a book full of pages we can't erase. We can keep writing, yes, but we can never change what's already written."

Marta looked at him silently, letting his words sink into her heart.

"Maybe," she replied after a moment, "but I also believe that, even if we can't change the past, we can decide what we do with it. We can learn, make peace with it, and… maybe, just maybe, find something new."

That afternoon, as the sun set behind the city's buildings, Marta and Felipe remained under the jacaranda, enveloped in the scent of the flowers. They both felt that something had shifted, that in these simple and meaningful encounters, a genuine connection had emerged.

Over time, they began to see each other outside the park as well. They visited little cafés, went to art exhibitions, and explored the city together, like tourists rediscovering their own home. Their conversations continued to flow, filled with confessions and revelations that, at times, neither had dared to say aloud before.

One day, as they were walking back to the park, Marta admitted to Felipe her fear of opening her heart again. She had learned to protect herself, to be cautious, but now, with him, she felt vulnerable in a way that scared her and, at the same time, filled her with renewed hope.

"I'm afraid too, Marta," Felipe replied, gently taking her hand. "But I believe that sometimes the greatest act of courage is allowing ourselves to feel again, despite everything."

Marta smiled, squeezing his hand with a light but sincere grip. She felt that, somehow, they had shared the weight of their fears, making them lighter, more bearable.

Under the jacaranda tree, the place that had witnessed their meetings and confessions, Felipe leaned toward Marta and, in a soft voice, said:

"Life gives us few chances to start over. Maybe this is one of them."

She nodded, looking into his eyes with a mixture of vulnerability and hope.

"Maybe, Felipe. Maybe we have a new story to write, this time without regrets."

And so, in the middle of Mexico City, beneath the jacaranda tree, Marta and Felipe decided to give themselves a chance, embracing the present and letting go of the past that had brought them to this moment. They both knew the future was uncertain, but they also knew that sometimes the most unexpected encounters could change life forever.

The petals fell around them, covering the ground like a purple carpet, as they walked together toward a new chapter, fully aware that although they couldn't erase their past stories, they had every power to write a new beginning.

La Última Noche en Puerto Vallarta

Puerto Vallarta brillaba con luces coloridas y un cálido aire salado, perfecto para una última noche inolvidable. Un grupo de amigos de toda la vida, reunidos en ese hermoso puerto, caminaban por el malecón, riendo y charlando como si el tiempo no hubiera pasado. La noche era especial, pues José Luis, uno de los integrantes más queridos del grupo, estaba a punto de mudarse a España. Para todos, esta era una despedida y una celebración de su amistad.

Estaban Isabel, una mujer de sonrisa rápida y ocurrencias aún más rápidas; Tomás, siempre el bromista; Mariana, con su humor un poco sarcástico; y, por supuesto, José Luis, el homenajeado de la noche, quien en lugar de estar melancólico, mantenía el ánimo en alto, haciendo planes con todos sobre cómo y cuándo irían a visitarlo a España.

La primera parada fue en un restaurante tradicional, donde entre tacos, guacamole, y unas cuantas cervezas, comenzaron a recordar anécdotas de sus años de amistad. Isabel, con una sonrisa pícara, empezó:

—¿Se acuerdan de aquella vez que José Luis nos convenció de entrar al río pensando que era una tradición de buena suerte?

Todos soltaron una carcajada. Tomás, limpiándose una lágrima de tanto reír, añadió:

—Y resultó que era solo para que él recuperara su gorra, ¡esa gorra fea que nunca dejó de usar!

José Luis alzó su cerveza y con una sonrisa culpable dijo:

—Era mi gorra favorita, pero, bueno… ¿qué les puedo decir? El río estaba fresco, ¿o no?

Después de varias rondas de risas y recuerdos, el grupo se dirigió a un pequeño bar cerca de la playa. Allí, la música animada los envolvió, y comenzaron a bailar y a cantar como si fueran jóvenes otra vez. A medida que la noche avanzaba, las bromas y los recuerdos dieron paso a conversaciones más profundas. Mariana, mirándolo a los ojos, le preguntó a José Luis:

—¿Qué es lo que más vas a extrañar de México?

José Luis tomó un trago de su tequila y, con una mirada nostálgica, respondió:

—Todo, absolutamente todo. El ruido, la comida, las playas... pero sobre todo, a ustedes. No será fácil encontrar amigos tan únicos como ustedes en otro lugar.

Isabel le palmeó la espalda y, con tono dramático, dijo:

—No nos harás llorar, ¿eh? Ya sabes que somos mexicanos, y los mexicanos no nos despedimos, solo decimos "nos vemos luego".

Entonces, Tomás, aprovechando la ocasión, propuso un brindis.

—Por la amistad y por las locuras que compartimos. ¡Y que esta no sea la última vez que estamos juntos en Puerto Vallarta!

Los amigos alzaron sus copas y bebieron, entre risas y miradas cómplices. Aunque todos sabían que el viaje de José Luis marcaría un cambio en sus vidas, la camaradería y la calidez entre ellos se sentía inquebrantable.

La última parada de la noche fue la playa. Con los pies descalzos sobre la arena y bajo un cielo estrellado, se sentaron en círculo, dejando que el sonido de las olas los envolviera. José Luis, mirando al mar, respiró profundamente y dijo:

—No importa a dónde vaya, siempre llevaré este momento conmigo.

Isabel, mirando a sus amigos, añadió con una sonrisa:

—Creo que esa es la magia de las verdaderas amistades, ¿no? No importa la distancia, siempre están ahí.

El grupo se quedó en silencio, disfrutando del momento, sintiendo la conexión que los había unido durante tantos años y que, sabían, los mantendría unidos sin importar dónde estuviera cada uno. La noche en Puerto Vallarta continuó siendo testigo de sus risas, sus bromas y sus promesas de reencontrarse.

Cuando los primeros rayos del sol comenzaron a asomarse sobre el horizonte, sabían que esa noche quedaría en su memoria como una de esas que no se olvidan. Puerto Vallarta, con su brisa cálida y su mar infinito, se convertiría en el símbolo de una despedida que, en realidad, no era un adiós, sino un "hasta pronto".

Con un último abrazo grupal, y algunas lágrimas contenidas, José Luis se despidió de cada uno, prometiendo que siempre regresarían a ese rincón de México donde su amistad había dejado una huella imborrable.

The Last Night in Puerto Vallarta

Puerto Vallarta gleamed with colorful lights and a warm, salty breeze—perfect for an unforgettable last night. A group of lifelong friends, gathered in this beautiful port town, walked along the malecón, laughing and chatting as though time had never passed. The night was special, as José Luis, one of the most beloved members of the group, was about to move to Spain. For all of them, this was both a farewell and a celebration of their friendship.

There was Isabel, a woman with a quick smile and even quicker wit; Tomás, always the joker; Mariana, with her somewhat sarcastic humor; and, of course, José Luis, the guest of honor, who, instead of being melancholy, kept the spirits high, making plans with everyone about how and when they would visit him in Spain.

The first stop was a traditional restaurant, where, between tacos, guacamole, and a few beers, they began to reminisce about their years of friendship. Isabel, with a mischievous grin, started:

"Do you remember that time José Luis convinced us to jump into the river thinking it was a good luck tradition?"

They all burst out laughing. Tomás, wiping a tear from laughing so hard, added:

"And it turned out it was just so he could get his cap back! That ugly cap he never stopped wearing!"

José Luis raised his beer and, with a guilty smile, said:

"It was my favorite cap, but... well, what can I say? The river was refreshing, wasn't it?"

After several rounds of laughter and memories, the group headed to a small bar near the beach. There, the lively music surrounded them, and they began to dance and sing as if they were young again. As the night went on, the jokes and memories gave way to deeper conversations. Mariana, looking him in the eyes, asked José Luis:

"What will you miss most about Mexico?"

José Luis took a sip of his tequila and, with a nostalgic look, replied:

"Everything, absolutely everything. The noise, the food, the beaches... but mostly, you guys. It won't be easy to find friends as unique as you anywhere else."

Isabel patted him on the back and, in a dramatic tone, said:

"Don't make us cry, okay? You know we're Mexican, and Mexicans don't say goodbye, we just say 'see you later.'"

Then, taking advantage of the moment, Tomás proposed a toast.

"To friendship and the crazy moments we've shared. And may this not be the last time we're together in Puerto Vallarta!"

The friends raised their glasses and drank, between laughter and knowing glances. Though they all knew that José Luis's move would mark a change in their lives, the camaraderie and warmth between them felt unbreakable.

The last stop of the night was the beach. With bare feet in the sand and under a starry sky, they sat in a circle, letting the sound of the waves surround them. José Luis, looking out at the sea, took a deep breath and said:

"No matter where I go, I'll always carry this moment with me."

Isabel, looking at her friends, added with a smile:

"I think that's the magic of true friendship, isn't it? No matter the distance, they're always there."

The group fell silent, enjoying the moment, feeling the connection that had united them for so many years, and that they knew would keep them together no matter where each one was. The night in Puerto Vallarta continued to witness their laughter, jokes, and promises to reunite.

As the first rays of sunlight began to peek over the horizon, they knew this night would stay in their memories as one of those that could never be forgotten. Puerto Vallarta, with its warm breeze and endless sea, would become the symbol of a farewell that, in reality, wasn't goodbye, but a "see you soon."

With one last group hug and a few stifled tears, José Luis said goodbye to each one, promising that they would always return to this corner of Mexico where their friendship had left an indelible mark.

La Fiesta de las Luces

San Miguel de Allende estaba en pleno apogeo de su Festival de las Luces. Las calles adoquinadas se llenaban de faroles de colores, música, y risas, mientras la gente del pueblo y turistas se mezclaban para celebrar. Para Teresa, una mujer de cabello gris y ojos que brillaban con la nostalgia de los años, el festival traía una mezcla de emociones. Era su primer año asistiendo sin su esposo, Julián, y aunque la belleza de la noche la rodeaba, sentía un vacío que ninguna luz podía llenar.

Teresa caminó despacio por las calles, observando cómo las familias y los amigos compartían sonrisas y abrazos, mientras su mente volaba hacia aquellos años cuando ella y Julián, tomados de la mano, recorrían esas mismas calles, compartiendo miradas y recuerdos. Ahora, sin su presencia, todo le parecía distinto, como si las luces hubieran perdido parte de su calidez.

Se sentó en una banca de la plaza principal, donde podía ver las linternas flotantes elevándose hacia el cielo. Cada luz que subía le recordaba un recuerdo, una historia, una risa compartida. Cerró los ojos y dejó que la música la envolviera, recordando la voz de Julián, siempre animándola a disfrutar de los momentos sencillos.

—Es un espectáculo hermoso, ¿verdad? —escuchó de repente, interrumpiendo sus pensamientos.

Al abrir los ojos, Teresa encontró a un joven de mirada amable y cuaderno en mano. Era un artista, con los dedos manchados de tinta, que sonreía de forma sincera.

—Sí, lo es —respondió Teresa con una sonrisa tenue—. Cada año lo es, aunque hoy... lo siento un poco diferente.

El joven se presentó como Diego, un pintor que había venido al festival en busca de inspiración. Notó la melancolía en la mirada de Teresa y, después de una breve pausa, le preguntó si podía sentarse junto a ella. Teresa asintió, y pronto comenzaron a conversar. Hablaron de las luces, del encanto de San Miguel, y, poco a poco, Teresa compartió algunas anécdotas de su vida junto a Julián.

—¿Él amaba este festival? —preguntó Diego con curiosidad.

—Oh, sí —respondió Teresa con una risa suave—. Decía que estas luces eran como recuerdos que se iban al cielo, guardados en algún lugar donde no se perderían nunca.

Mientras la conversación avanzaba, Teresa notó la manera en que Diego escuchaba, atento a cada palabra, como si cada recuerdo que compartía fuera una pincelada para un cuadro invisible. Esa noche, hablando con un joven extraño, Teresa sintió que los recuerdos de su vida cobraban una nueva forma, como si pudiera verlos a través de los ojos de Diego.

—¿Y tú? —preguntó Teresa, volviendo la conversación hacia él—. ¿Qué es lo que buscas en estas luces?

Diego se quedó pensativo por un momento y luego, con una sonrisa llena de humildad, confesó:

—Busco historias. Las historias le dan alma a los colores y formas. Sin ellas, mis pinturas estarían vacías. Al escucharla a usted, siento que he encontrado una historia que quiero contar.

La sorpresa de Teresa fue acompañada por un sentimiento de gratitud. No se había dado cuenta de que sus recuerdos, aquellos que guardaba con tanto recelo, podían inspirar a alguien más. La conversación con Diego la hizo reflexionar, y se dio cuenta de que el amor y los recuerdos que compartía con Julián no solo eran un ancla de nostalgia, sino también una luz que podía guiar su camino hacia algo nuevo.

—¿Me permite hacerle un dibujo, señora Teresa? —preguntó Diego con respeto—. Quiero plasmar esta noche, su historia... sus recuerdos.

Ella, sorprendida, accedió. Mientras él sacaba su cuaderno y empezaba a trazar líneas, Teresa contempló la escena que tenía enfrente: el cielo lleno de linternas, el bullicio alegre de la gente, y el calor de una conversación inesperada que había iluminado su corazón.

Al finalizar el dibujo, Diego se lo mostró. En el papel, Teresa se veía rodeada de luces, con una expresión serena y una sonrisa leve, como si toda la nostalgia y el amor que llevaba dentro hubieran encontrado un hogar en aquel retrato.

—Es hermoso —dijo Teresa, emocionada—. Gracias, Diego.

—Gracias a usted, señora Teresa, por compartir su historia —respondió él—. Me ha dado más de lo que imagina.

Antes de despedirse, Diego le ofreció el dibujo como un recuerdo de esa noche. Teresa lo aceptó con gratitud, sintiendo que ese pequeño pedazo de papel contenía algo especial, algo que le recordaría no solo a Julián, sino también la posibilidad de nuevos comienzos.

Mientras se despedían, Diego le dijo algo que resonó profundamente en ella:

—La vida es como este festival, lleno de luces que van y vienen. Algunas se quedan más tiempo, otras se van, pero todas iluminan un momento.

Teresa caminó hacia su casa con el dibujo en la mano y el corazón más ligero. Esa noche, en medio del Festival de las Luces, había encontrado una nueva manera de ver su vida, de honrar su pasado, y de abrirse a lo que aún le aguardaba. La noche se llenaba de colores a su alrededor, y por primera vez en mucho tiempo, Teresa se sintió parte de esa luz.

The Festival of Lights

San Miguel de Allende was in full swing with its Festival of Lights. The cobblestone streets were filled with colorful lanterns, music, and laughter, as the townspeople and tourists mingled to celebrate. For Teresa, a woman with gray hair and eyes that sparkled with the nostalgia of the years, the festival brought a mix of emotions. It was her first year attending without her husband, Julián, and though the beauty of the night surrounded her, she felt an emptiness that no light could fill.

Teresa walked slowly through the streets, observing how families and friends shared smiles and hugs, while her mind drifted back to the years when she and Julián, hand in hand, walked these same streets, sharing glances and memories. Now, without his presence, everything seemed different, as though the lights had lost some of their warmth.

She sat on a bench in the main square, where she could see the floating lanterns rising into the sky. Each light that ascended reminded her of a memory, a story, a shared laugh. She closed her eyes and let the music wrap around her, recalling Julián's voice, always encouraging her to enjoy the simple moments.

"It's a beautiful sight, isn't it?" she suddenly heard, interrupting her thoughts.

Opening her eyes, Teresa saw a young man with kind eyes and a sketchbook in hand. He was an artist, his fingers stained with ink, smiling sincerely.

"Yes, it is," Teresa replied with a faint smile. "Every year it is, though tonight... it feels a little different."

The young man introduced himself as Diego, a painter who had come to the festival in search of inspiration. He noticed the melancholy in Teresa's eyes, and after a brief pause, asked if he could sit beside her. Teresa nodded, and soon they began talking. They spoke about the lights, the charm of San Miguel, and little by little, Teresa shared some anecdotes from her life with Julián.

"Did he love this festival?" Diego asked with curiosity.

"Oh, yes," Teresa answered with a soft laugh. "He used to say that these lights were like memories going up to the sky, kept somewhere where they would never be lost."

As the conversation continued, Teresa noticed how Diego listened intently, hanging on to every word, as if each memory she shared was a brushstroke for an invisible painting. That night, speaking to a young stranger, Teresa felt that the memories of her life were taking on a new form, as though she could see them through Diego's eyes.

"And you?" Teresa asked, turning the conversation to him. "What do you seek in these lights?"

Diego paused for a moment, then, with a humble smile, confessed:

"I look for stories. Stories give soul to the colors and shapes. Without them, my paintings would be empty. By listening to you, I feel like I've found a story I want to tell."

Teresa's surprise was accompanied by a feeling of gratitude. She hadn't realized that her memories, those she held so dearly, could inspire someone else. The conversation with Diego made her reflect, and she realized that the love and memories she shared with Julián were not just an anchor of nostalgia, but also a light that could guide her path toward something new.

"Would you allow me to make a drawing of you, Mrs. Teresa?" Diego asked respectfully. "I want to capture this night, your story... your memories."

She, surprised, agreed. As he took out his sketchbook and began to draw, Teresa looked at the scene before her: the sky filled with lanterns, the cheerful bustle of people, and the warmth of an unexpected conversation that had illuminated her heart.

When Diego finished the drawing, he showed it to her. On the paper, Teresa was surrounded by lights, with a serene expression and a subtle smile, as if all the nostalgia and love she carried inside had found a home in that portrait.

"It's beautiful," Teresa said, moved. "Thank you, Diego."

"Thank you, Mrs. Teresa, for sharing your story," he replied. "You've given me more than you know."

Before they parted ways, Diego offered her the drawing as a memento of that night. Teresa accepted it with gratitude, feeling that this small piece of paper held something special, something that would remind her not only of Julián but also of the possibility of new beginnings.

As they said their goodbyes, Diego told her something that resonated deeply within her:

"Life is like this festival, full of lights that come and go. Some stay longer, others leave, but all of them illuminate a moment."

Teresa walked toward her home with the drawing in hand and her heart lighter. That night, amid the Festival of Lights, she had found a new way to see her life, to honor her past, and to open herself to what was yet to come. The night was filled with colors around her, and for the first time in a long while, Teresa felt a part of that light.